BOEKANALYSE

AF142082

Nachtvlucht

· · · · · · · · · · · · · · ·

Antoine de Saint-Exupéry

BOEKANALYSE

Geschreven door Paola Livinal
Vertaald door Nikki Claes

Nachtvlucht

· ·

Antoine de Saint-Exupéry

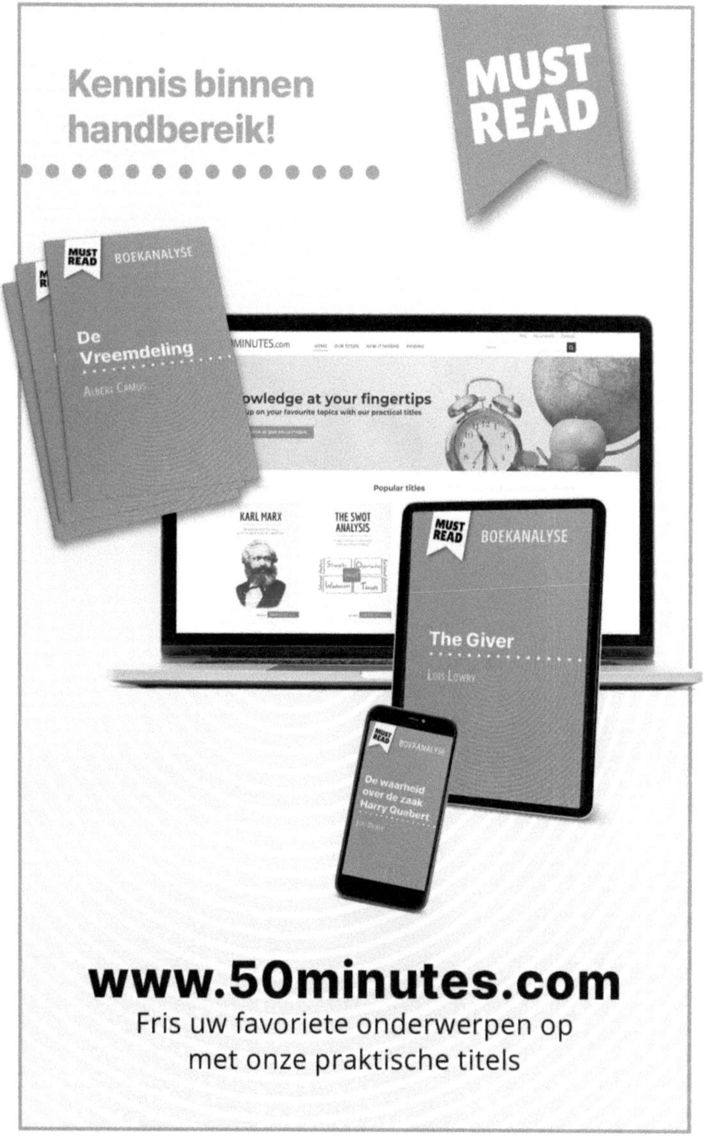
Kennis binnen handbereik!
MUST READ
MUST READ
BOEKANALYSE
De Vreemdeling
Albert Camus
owledge at your fingertips
Popular titles
KARL MARX
THE SWOT ANALYSIS
MUST READ
BOEKANALYSE
The Giver
Lois Lowry
De waarheid over de zaak Harry Quebert
www.50minutes.com
Fris uw favoriete onderwerpen op met onze praktische titels

ANTOINE DE SAINT-EXUPÉRY

FRANS SCHRIJVER, DICHTER EN VLIEGENIER

- **Geboren in Lyon in 1900.**

- **Vermoedelijk gestorven voor de kust van Corsica in 1944.**

- **Opmerkelijke werken:**

  - *Southern Mail* (1929), roman

  - *Wind, zand en sterren* (1939), memoir

  - *De Kleine Prins* (1943), novelle

Antoine de Saint-Exupéry vloog op 12-jarige leeftijd voor het eerst in een vliegtuig en vereeuwigde zijn gevoelens daarover in een gedicht. Hij verloor nooit zijn liefde voor het schrijven en leerde vele schrijvers kennen toen hij vele jaren later in Parijs woonde. In 1926 ging hij als piloot werken voor een door Pierre Latécoère (Franse luchtvaartpionier, 1883-1943) opgericht postbedrijf in de lucht, dat het jaar daarop de naam Compagnie Générale Aéropostale kreeg. In die tijd drukte hij zijn stempel op de geschiedenis van de postluchtvaart door mee te werken aan de eerste commerciële luchtverbinding tussen Europa en Zuid-Amerika, onder leiding van Didier Daurat (Frans vliegenier, 1891-1969). Saint-Exupéry verdween in 1944 tijdens een verkenningsvlucht boven

Corsica voor de geallieerden in de Tweede Wereldoorlog (1939-1945), en is vermoedelijk gesneuveld.

Veel van zijn werken waren autobiografisch van aard, waaronder *Nachtvlucht* (1931), *Vlucht naar Arras* (1942), *Brief aan een gijzelaar* (1944) en *De wijsheid van het zand* (1948). Zijn meest succesvolle werken zijn *Wind, zand en sterren* (1939), dat de prestigieuze Grand Prix du roman de l'Académie française won, en *De kleine prins* (1943), dat een van de best verkochte fictiewerken aller tijden is.

NACHTVLUCHT

DE POËTISCHE KANT VAN HET AVONTUUR

- **Genre:** roman

- **Referentie-uitgave:** Saint-Exupéry, A. (2016) *Nachtvlucht*. Trans. Carter, D. Richmond: Alma Classics.

- **1ste editie:** 1931

- **Thema's:** luchtvaart, heldendom, angst, nacht, beperkingen overwinnen, plicht, broederschap

Saint-Exupéry schreef *Nachtvlucht* in Zuid-Amerika toen hij directeur was van de luchtvaartmaatschappij Aeroposta Argentina, een lokale tak van de Compagnie Générale Aéropostale. De roman vertelt het opmerkelijke verhaal van hoe de postdienst afhankelijk werd van nachtvluchten in gammele vliegtuigjes om snel post te bezorgen. Elk van deze vluchten was een strijd tegen de duisternis (omdat de vliegtuigen geen ingebouwde lichtbronnen hadden), het landschap en het weer, om nog maar te zwijgen van de mogelijkheid van technische en mechanische storingen. De 23 korte hoofdstukken van *Nachtvlucht* beschrijven de complexe technische en persoonlijke moeilijkheden waarmee Rivière (de directeur van het bedrijf), de piloten, een van de vrouwen van de piloten en het grondpersoneel werden geconfronteerd, en geven de lezer een kijkje in hun gedachten en levens. De roman, die ook een voorwoord bevat van André Gide (Franse auteur, 1869-1951), won in 1931 de Prix Femina.

SAMENVATTING

DE MISSIE

Het verhaal speelt zich af in Zuid-Amerika, waar Rivière, die de leiding heeft over het netwerk dat postroutes aanlegt tussen het continent en Europa, probeert nachtvluchten in te voeren. Deze missies zijn echter zeer gevaarlijk en zullen uiteindelijk Fabien, één van de piloten die hij in dienst heeft, het leven kosten.

Fabien heeft de opdracht een route door Argentinië tussen Patagonië en Buenos Aires uit te stippelen. Hij vliegt over verschillende vlaktes en dorpen, die in levendige, lyrische taal worden beschreven, maakt een snelle stop en stijgt weer op als de nacht valt. Hij bereidt zich zorgvuldig voor op de komende vlucht, waarbij hij blind zal navigeren, en overdenkt de fonkelende lichtjes die over het landschap onder hem verspreid liggen als het vliegtuig eenmaal in de lucht is. Net als de andere piloten met wie hij samenwerkt, zou hij zijn baan nooit kunnen opgeven, ondanks alle gevaren die ermee gepaard gaan, omdat het voor hen een echte obsessie is.

Ondertussen is Rivière in Buenos Aires, waar hij wacht op de aankomst van drie vliegtuigen die versnelde post naar Europa moeten vervoeren. Rivière werkt al 40 jaar samen met de oudere voorman Leroux, en deze jaren van hard werken beginnen hem te vermoeien, zowel vanwege zijn leeftijd als omdat hij het gevoel heeft dat hij een eindeloze oorlog voert, waarin elk vliegtuig dat een vlucht overleeft een gewonnen strijd is. Hij is een uitstekend leider en moedigt zijn piloten aan hun angst te overwinnen en elke keer hun best te doen, waardoor het bedrijf kan floreren.

REGELS EN VOORSCHRIFTEN

De piloot Pellerin landt een vliegtuig met post uit Chili, duidelijk opgelucht dat hij nog leeft na in een cycloon te zijn terechtgekomen terwijl hij over de Andes vliegt (een lange bergketen die zich uitstrekt langs de westkust van Zuid-Amerika). Hij en Rivière rijden samen naar het kantoor van het bedrijf, vergezeld door inspecteur Robineau, een saaie man die geobsedeerd is door regels en voorschriften. Rivière moedigt Robineau ook aan om extreem streng te zijn voor de piloten, zodat ze altijd hun best doen.

Tijdens de reis vertelt Pellerin het verhaal van zijn strijd tegen de cycloon, en Robineau begint terug te denken aan een aantal momenten waarop hij zich door zijn gebrek aan kennis dom voelde. De verhalen van Pellerin over zijn gedurfde heldendaden geven Robineau het gevoel dat zijn leven in vergelijking daarmee saai en eentonig is, en de eenzaamheid die hij voelt vanwege zijn baan weegt zo zwaar op hem dat hij Pellerin uitnodigt voor een diner. Pellerin accepteert, en terwijl ze samen praten in het hotel, roept Rivière Robineau bij zich om hem eraan te herinneren dat hij Pellerins baas is. Rivière beveelt hem ook een voorwendsel te vinden om Pellerin een soort straf op te leggen om hun professionele grenzen te herstellen, aangezien Rivière van mening is dat het oordeel van de piloten nooit door emoties mag worden vertroebeld.

Op kantoor is Rivière tevreden, want de avondlucht lijkt helder en rustig en alles lijkt goed te verlopen. Dan wacht hij ongeduldig tot er weer een vliegtuig opstijgt, want elke minuut dat ze aan de grond staan lijkt hem tijdverspilling. Hij begint te ijsberen in een poging zichzelf te kalmeren, en denkt na over de manier waarop zijn voorkeur voor de volstrekte eenzaamheid van de nacht hem onderscheidt van de andere mensen in de stad. Telkens als de telefoon gaat, maakt hij zich zorgen, voor het geval er slecht nieuws is, maar de enige telefoontjes die hij ontvangt zijn routineberichten en stormwaarschuwingen.

Terwijl hij bezig is met het routine papierwerk, aarzelt hij voordat hij een ontslagbrief tekent voor Roblet, een monteur die al 20 jaar voor het bedrijf werkt en een gezin moet onderhouden. Wanneer hij echter een telefoontje krijgt over een nieuwe panne, versterkt hij zijn vastberadenheid en ondertekent het document, wetende dat zijn eerste prioriteit het voorkomen van problemen moet zijn en dat de man die verantwoordelijk is voor een mechanisch defect dus ontslagen moet worden.

EEN DRAMATISCHE WENDING

De radiotelegrafist aan boord van de vlucht naar Patagonië ziet een storm aan de horizon, en houdt Fabien nauwlettend in de gaten om zijn zorgen te sussen. Als hij ziet dat de piloot volledig geconcentreerd en schijnbaar onbezorgd is, krijgt de radiotelegrafist een zeker blind vertrouwen in hem. Aangezien er beter weer is voorspeld voor de stad Trelew, besluit Fabien door te vliegen ondanks de storm die op komst is. De storm raast echter door de omliggende steden, en het vliegtuig bevindt zich midden in een cycloon.

Aangezien het vliegtuig niet genoeg brandstof heeft om tot de ochtend in de lucht te blijven, vraagt Fabien om instructies. Hij wil het vliegtuig aan de grond zetten om de storm af te wachten, maar beseft dan dat hij boven de oceaan verloren is. Terwijl hij tegen hevige turbulentie vecht, ziet hij sterren boven zich en besluit naar ze toe te vliegen, waardoor hij en de radiotelegrafist al snel 3000 m boven de storm vliegen. Ze zijn sprakeloos door de schoonheid van de hemel, maar ze weten dat ze gedoemd zijn.

Rivière maakt zich steeds meer zorgen over Fabien en probeert uit te zoeken of er in de buurt van de piloot veilige locaties zijn waar hij naartoe kan worden geleid om te schuilen voor de razende storm, in de wetenschap dat als het misgaat, alles waar hij zo hard aan heeft gewerkt in gevaar komt.

GEEN UITWEG

Fabiens vrouw Simone verneemt de situatie wanneer zij zoals gewoonlijk naar het kantoor belt om te vragen hoe het met haar man gaat. Ze eist een gesprek met Rivière, die zich machteloos voelt tegenover haar wanhoop, vooral omdat hun kijk op het leven volledig uiteenloopt: terwijl Simone vindt dat iedereen het recht moet hebben om gelukkig te zijn, vindt Rivière dat niets belangrijker is dan het waarborgen van de menselijke vooruitgang.

Fabien en zijn radio officier zitten nog steeds vast boven de cycloon. Aangezien ze slechts genoeg brandstof hebben om nog 30 minuten in de lucht te blijven, weten ze dat ze geen kans hebben om veilig te landen, en Rivière heeft alle hoop verloren. Overmand door emoties denkt hij bij zichzelf: "twee kinderen zullen, op de wijze waarop de wereld zulke dingen ziet, lijken te slapen. En iets zal van de zichtbare wereld naar die andere wereld zijn gevloeid" (p. 91).

Ondertussen voelt Robineau zich hulpeloos en nutteloos, en Simone Fabien draagt haar lijden met grote waardigheid, maar kan net als Rivière niets anders doen dan wachten. In de wetenschap dat een liefdevolle relatie op het punt staat voorgoed te worden vernietigd, begint Rivière het steeds tragere werk van zijn werknemers te zien als een symbool van de dood.

HET LEVEN GAAT DOOR

Fabien heeft geen andere keuze dan de daling in te zetten, aangezien de laatste brandstof van het vliegtuig is opgebruikt. Hij stuurt een bericht naar het kantoor om iedereen op de hoogte te brengen van zijn beslissing, en alle betrokkenen worden overmand door verdriet. Rivière geeft enkele instructies en sluit zich dan een tijdje af voordat hij zich weer op zijn werk stort. Voor hem heeft overwinning noch nederlaag enige betekenis: hij gelooft alleen in de noodzaak om voortdurend vooruit te gaan. Robineau vindt dat hij Rivière een hart onder de riem moet steken, maar kan niets anders doen dan vragen naar zijn volgende orders wanneer hij hem daadwerkelijk spreekt en Rivière hem vertelt dat de nachtvluchten moeten doorgaan.

De piloot die naar Europa zou vliegen slaapt nog steeds. Hoewel zijn vrouw hem bewondert en het leven dat hij heeft gekozen, is zij vervuld van verdriet door de wetenschap dat zijn liefde voor de sterren alles overschaduwt en hem onvermijdelijk van haar zal wegtrekken. Wanneer de piloot wakker wordt, is het enige waar hij aan kan denken de vlucht die voor hem ligt, ook al is hij ooit op een van zijn vorige missies teruggekeerd nadat hij was overmand door angst voor de turbulentie en de duisternis die hem overspoelden toen hij over de bergtoppen vloog.

In een poging de angst van zijn mannen weg te nemen, berispt Rivière hem en herinnert zich hoeveel weerstand hij moest overwinnen om commerciële nachtvluchten te realiseren. De post van twee vluchten die de vorige nacht hadden overleefd, een uit Paraguay en een uit Chili, wordt in het vliegtuig naar Europa geladen, dat zoals gepland opstijgt.

KARAKTERSTUDIE

RIVIÈRE

Rivière is een man van in de vijftig die "er zoals altijd uitziet als een eeuwige reiziger. Hij passeert bijna onopgemerkt, zo weinig ruimte neemt zijn kleine gestalte in en zo goed passen zijn grijze haar en anonieme kleren in elke omgeving" (p. 29). Ondanks zijn onopvallende verschijning is hij "verantwoordelijk voor het hele netwerk" (blz. 10) van postroutes door heel Zuid-Amerika en over de Atlantische Oceaan naar Europa. Hij wijdt zich al 40 jaar aan zijn werk en heeft "nooit de tijd gehad" (blz. 12) voor de liefde.

Hij wordt vaak vergeleken met een "oude vechter" (blz. 11) of een "leeuw" (blz. 103), en zijn enige levensdoel is het realiseren van nachtvluchten. Hij weet echter dat "er geen definitieve aankomst is voor alle postvliegtuigen" (blz. 12), waardoor hij vermoeid is geraakt (evenals zijn gevorderde leeftijd en de druk van zijn baan).

Hij is een bekwaam leider, en moedigt zijn werknemers altijd aan hun best te doen, hun angsten te overwinnen en elke nacht hun leven te riskeren: "Een mens [is] voor hem een stuk ongebruikte was, dat [in vorm moet worden gegoten" (blz. 24). Hij beweert ook dat "de mannen gelukkig zijn omdat ze houden van wat ze doen, en ze houden ervan omdat ik ze hard aanpak" (p. 25). Hij is dan ook zeer streng in het handhaven van de regels van het bedrijf, soms zelfs op manieren die oneerlijk lijken.

Door zijn onverzettelijkheid voelt hij zich echter voortdurend verscheurd tussen de eisen van zijn plicht en zijn eigen gevoelens. In de beslotenheid van de nacht komt zijn meer emotionele kant soms naar voren, zoals wanneer hij aan de vermiste piloten begint te denken als kinderen: "Sommige nederige boeren zullen waarschijnlijk twee kinderen ontdekken, met hun ellebogen over hun gezicht gekruist, alsof ze slapen" (p. 90). Ondanks zijn prestaties spreekt hij soms nauwelijks verholen spijt uit: "Hoewel ik me natuurlijk graag met vriendschap en menselijke vriendelijkheid zou willen omringen" (p. 58). Hij begraaft deze verlangens echter snel onder zijn plichtsbesef, zelfs in tijden van crisis, want "[f]ailures only makes [sic] the strong stronger" (p. 68).

ROBINEAU

Volgens Rivière denkt Robineau "gewoon niets, [...] waardoor hij niet op een verkeerde manier kan denken" (p. 23), en dat deze eigenschap betekent dat hij "op vele manieren helpt" (p. 22). Rivière maakte hem daarom inspecteur, in de overtuiging dat hij de regels zou kunnen handhaven zonder dat zijn geweten in de weg zou zitten.

Robineau is een saaie man wiens trots gemakkelijk wordt gekrenkt, en "heeft zich zojuist gerealiseerd dat zijn eigen leven nogal grijs is" (p. 26) in vergelijking met de gedurfde heldendaden van de piloten. Hij zou graag iets doen dat bewondering verdient: "Hij had graag het bedrijf willen redden van een groot gevaar" (p. 27), maar hij wordt gedwongen zich tevreden te stellen met het schrijven van onbelangrijke rapporten. Hij koestert een diep gevoel van nutteloosheid, vermoeidheid en gebrek aan zelfvertrouwen, en de hiaten in zijn kennis doen hem vaak overkomen als een idioot: "Maar bovenal had hij kritiek op de manier waarop een oliepomp, type B6, was gemonteerd, waarbij hij deze verwarde met een oliepomp, type B4, en de geslepen monteurs hadden hem twintig minuten lang laten jammeren over 'onvergeeflijke onwetendheid', die in feite de zijne was" (p. 26).

Verder is zijn leven volkomen onopvallend, afgezien van een passie voor geologie, zijn eczeem en zijn relatie met zijn Franse minnares, die hij niet bevredigend vindt. Toch lijkt zijn leven een last voor hem.

DE PILOTEN

Slechts twee van de vier piloten die in *Nachtvlucht* voorkomen worden bij naam genoemd (Pellerin en Fabien), en geen van hen wordt fysiek beschreven. Ze worden vooral gedefinieerd door hun functie ("de piloot Fabien", p. 3), en vooral door de route die ze moeten volgen: een van hen wordt bijvoorbeeld eenvoudigweg "de piloot van de Europapost" genoemd (p. 51).

De auteur besteedt steeds bijzondere aandacht aan beschrijvingen van de handen van de piloten, niet alleen omdat het succes van elke vlucht en het leven van de bemanning afhangt van hun behendigheid, maar ook omdat ze symbool staan voor het vermogen van een individu om de wereld om hem heen te beïnvloeden: Fabien denkt zelfs dat "als hij zijn handen gewoon zou ontspannen, hun leven er snel uit zou lopen als een of ander futiel zand" (p. 83).

Hoewel de piloten op het eerste gezicht niet bijzonder opmerkelijk lijken (Pellerin wordt beschreven als "uitgeput van vermoeidheid en vastgepakt in een hoek van de auto, met zijn ogen dicht en zijn handen zwart van de olie", blz. 10), zijn het in feite nogal buitengewone individuen die 's nachts hun leven op het spel zetten door de krachten van de duisternis, de tijd en de natuur te trotseren. De vrouw van de piloot die naar Europa moet vliegen beschrijft hun beroep als volgt: "Ze keek naar die stevige armen die over een uur het lot van de vlucht van de Europese post zouden dragen en verantwoordelijk zouden zijn voor iets groots, zoals het lot van een stad. En ze was bezorgd. Deze man, één onder miljoenen mannen, was de enige die bereid was tot dit vreemde offer" (p. 53).

Ondanks hun heldendaden blijven ze bescheiden en professioneel: zo beschrijft Pellerin zijn vlucht door een cycloon "zoals een smid over zijn aambeeld praat" (blz. 20). Vliegen is hun levenssap en ze beleven er enorm veel plezier aan, ondanks de gevaren die ze tegenkomen, die hen "de waarde van de wereld leren kennen als je het in een bepaald licht bekijkt" (*ibid.*), en een zeer sterke band tussen hen smeden: als Fabien sterft, "stelde hun diepe broederlijke band hen in staat af te zien van woorden" (blz. 107).

Pellerin en Fabien zijn twee kanten van dezelfde medaille: beiden worden geconfronteerd met een cycloon, maar terwijl de eerste erin slaagt te overleven, wordt de tweede gedood, wat illustreert dat dromen weliswaar kunnen uitkomen, maar ook tot onze ondergang kunnen leiden.

DE VROUWEN VAN DE PILOTEN

Twee vrouwen van de piloten komen in de roman voor. Een van hen wordt nooit bij naam genoemd, en is de belichaming van een liefhebbende, bewonderende echtgenote: ze is een attente partner, maar ondanks haar oplettendheid begrijpt ze dat ze nooit zal kunnen voorkomen dat haar man het luchtruim kiest, en dat ze nooit deel zal uitmaken van die wereld.

Dit geeft de auteur de gelegenheid om een lyrische beschrijving te geven van het fysieke uiterlijk van haar man: als de piloot die de leiding heeft over de vlucht naar Europa wakker wordt in hun appartement, bewondert zijn vrouw "zijn blote borst. De gestroomlijnde vorm [doet] haar denken aan een mooi schip" (p. 52). Ze denkt ook na over het geluk dat ze samen hebben opgebouwd en het genot dat hij ervaart tijdens zijn nachtelijke vluchten, en komt tot de conclusie dat, hoewel beide vreugden even reëel zijn, ze van nature gescheiden en onverenigbaar zijn.

De tweede vrouw van de piloot die in de roman voorkomt is Simone Fabien. Hoewel ook zij liefdevol en zorgzaam is, is haar lot veel tragischer, want haar man komt tijdens zijn werk om het leven. Simone kan het geluk dat ze zo kort geleden heeft gevonden niet verdragen, aangezien "ze zes maanden getrouwd waren" (p. 96), en gaat naar Rivière om uitleg te eisen. Bij aankomst wordt ze getroffen door de kloof tussen de intensiteit van haar gevoelens en deze ordelijke, professionele omgeving, waar iedereen zijn plaats kent:

"Ze kon met enig ongemak merken dat ze hier een vijandige waarheid aan het verkondigen was, en had er bijna spijt van dat ze gekomen was; ze wilde zich ergens verstoppen en uit angst dat ze zich van haar aanwezigheid bewust zouden worden, onthield ze zich van hoesten of huilen. Ze voelde zich niet op haar plaats, in een ongepaste toestand, alsof ze naakt was." (p. 93)

Hoewel Simone het kantoor verlaat met het gevoel dat ze niets heeft bereikt, zorgt ze er in feite voor dat Rivière even twijfelt aan de zin van zijn leven en zijn daden, voordat hij zich weer stort op zijn oorlog tegen "de leegte die ons omringt" (p. 95).

ANALYSE

TUSSEN FICTIE EN WERKELIJKHEID

Nachtvlucht bevat een aantal personages waarvan de gedachten en handelingen worden verteld door een alwetende verteller. De fictieve elementen van het verhaal staan vanaf het eerste hoofdstuk centraal, wat ongetwijfeld zeer gewaardeerd werd door de lezers van die tijd, die zelden de middelen hadden om zelf het luchtruim te kiezen. De rest van de roman verweeft een fictief verslag van Fabien's vlucht boven Patagonië met feitelijke details over de geschiedenis van de luchtpostdienst, die grotendeels zijn ontleend aan Saint-Exupéry's eigen ervaringen als piloot en als directeur van een luchtpostbedrijf in Argentinië.

Historische details

In 1918, net na het einde van de Eerste Wereldoorlog (1914-1918), werd een luchtpostbedrijf opgericht door Pierre Latécoère, een ambitieuze zakenman met ervaring op het gebied van luchtvaarttechniek. In 1927 werd een nieuwe tak van dit bedrijf opgericht: de Compagnie Générale Aéropostale, beter bekend als Aéropostale.

Het doel van Latécoère was eenvoudig: het opzetten van luchtpostroutes die zowel overdag als 's nachts actief zouden zijn, zodat de post veel sneller kon worden bezorgd dan voorheen met behulp van schepen en treinen.

De vliegtuigen die hij voor dit doel kocht, waren eerder door het leger gebruikt en waren niet ontworpen voor langeafstandsvluchten. Ze hadden zelfs geen verlichting: "hij kon de massa van de hemel niet meer onderscheiden van die van de aarde. Hij was verdwaald in een duisternis waarin alles door elkaar liep, in een oerdonker" (blz. 82). Toch maakten de piloten een reeks tussenstops op een zorgvuldig geplande route die hen van Frankrijk naar Marokko en vervolgens naar Senegal bracht, alvorens de lange vlucht over de Atlantische Oceaan naar Zuid-Amerika aan te vatten.

De eerste piloten van Aéropostale waren veteranen uit de Eerste Wereldoorlog, van wie velen de kans grepen om in vredestijd weer te vliegen. Later nam het bedrijf een aantal van de beroemdste figuren uit de luchtvaartgeschiedenis in dienst, waaronder Saint-Exupéry, Jean Mermoz (Frans vliegenier, 1901-1936) en Henri Guillaumet (Frans vliegenier, 1902-1940). Hoewel de luchtvaarttechnologie in deze periode enige vooruitgang boekte, bleef elke vlucht gevaarlijk voor de piloten, die werkten onder Didier Daurat, een imposante figuur die hen motiveerde door zowel bewondering als angst in te boezemen.

Night Flight is opgedragen aan Daurat, en het personage van Rivière lijkt een spiegelbeeld van zijn efficiënte, autoritaire persoonlijkheid. Net als zijn levensechte tegenhanger lijkt Rivière te geloven dat regels goed moeten worden opgesteld en tot op de letter moeten worden nageleefd om ervoor te zorgen dat elke piloot altijd maximaal presteert, wat op zijn beurt zowel zijn veiligheid garandeert als ervoor zorgt dat de post zo snel mogelijk wordt bezorgd: "Als hij hiermee alle voorbeelden van laattijdigheid bestrafte, zou hij misschien een daad van onrechtvaardigheid begaan, maar hij stimuleerde de wil om op tijd te vertrekken op elk station op de route: in feite creëerde hij zo'n wil" (p. 24).

Gezien de omstandigheden waarmee de piloten tijdens elke vlucht werden geconfronteerd, is het moeilijk om de moed en de wilskracht van deze pioniers niet te bewonderen. De rol van Daurat, zoals Rivière in de roman illustreert, bestond erin hen aan de grond te houden en hen eraan te herinneren dat het uiterst moeilijk was om de nodige goedkeuring van de autoriteiten te krijgen om dit soort werk uit te voeren, en dat deze goedkeuring zou worden ingetrokken als te veel vluchten mislukten. Hoewel de risico's enorm waren en er onderweg veel levens verloren gingen, begon de commerciële luchtvaart in deze periode echt te bloeien en ontstonden er verbindingen over de hele wereld.

Autobiografische elementen

Hoewel het elementen bevat van zowel de historische roman als de autobiografische roman, kan *Nachtvlucht* niet echt als een van beide worden gecategoriseerd.

Een autobiografie kan worden gedefinieerd als "een verslag van iemands leven geschreven of anderszins vastgelegd door die persoon" (Collins Dictionary). In de praktijk betekent dit dat autobiografieën meestal in de eerste persoon worden geschreven, en dat de auteur, de verteller en de hoofdpersoon van het boek allemaal dezelfde persoon zijn.

Als zodanig is het duidelijk dat *Nachtvlucht* niet kan worden omschreven als een autobiografie, aangezien de auteur geen verslag van zijn eigen leven schrijft. Hoewel Saint-Exupéry sterk put uit zijn eigen ervaringen met werken voor Aéropostale in Zuid-Amerika, en uit zijn indrukken van personen met wie hij in die tijd werkte, zoals Daurat, is het verhaal zelf een werk van fictie, evenals de personages die erin centraal staan.

Er zijn een aantal andere scènes in de roman waarin het duidelijk wordt dat de auteur put uit zijn eigen ervaringen, met name de luchtscènes. Als Fabien bijvoorbeeld in de cycloon terechtkomt, moet hij beslissen of hij door de storm heen blijft vliegen ("Hij had kunnen doorvliegen en zijn geluk beproeven", p. 83), wat hem de kans zou geven om ergens te landen, of dat hij het vliegtuig hoger neemt naar de vredige hemel tussen de wolken en de sterren, wetende dat hij vrijwel geen kans heeft om ooit veilig te landen. Op dit punt, zegt de verteller, "is er een intern noodlot. Er komt een moment waarop je ontdekt dat je kwetsbaar bent. Het raakt je als een duizelingwekkende spreuk, en je wordt meegetrokken in het maken van fouten" (pp. 83-84). Dit lijkt bijna te putten uit de persoonlijke ervaring en herinneringen van de auteur.

Ten slotte zijn de voornaamste drijvende krachten in deze korte roman verbonden met de menselijke conditie: namelijk de tegengestelde krachten van leven en dood (voornamelijk onderzocht via de personages van de piloten en hun vrouwen), angst en moed (belichaamd door Robineau en Pellerin) en nederlaag en overwinning (Rivière). Hoewel het verhaal aanvankelijk enige twijfels lijkt te bevatten ("Wat een schrijnende noot in het lied van de nachtpost in mineur, afgevuurd als een blinde pijl op alles wat de nacht op zijn pad bracht", p. 31), eindigt het verhaal met een hoopvolle noot die het volste vertrouwen in de toekomst van de luchtvaart uitdrukt, aangezien het vliegtuig op weg naar Europa veilig landt, waardoor de menselijke vooruitgang kan worden voortgezet.

LEVEN IN DE LUCHT

In een aantal hoofdstukken (1, 7, 12, 15, 16, 22) waant de lezer zich naast de piloten in het vliegtuig waarmee ze vliegen en maakt hij deel uit van deze cruciale fase in de geschiedenis van de luchtvaart. Saint-Exupéry gebruikt verschillende technieken om dit effect te creëren:

- Het gebruik van een breed scala aan **gespecialiseerde woordenschat**: "de vijfhonderd pk van de motor" (p. 7); de "gyroscoop" (p. 8); de "hoogtemeter" (*ibid.*); "instrument-naalden" (p. 6); de "joystick" (p. 83), enz.

- Door **de wereld te beschrijven vanuit het perspectief van de piloot**, dat wordt beïnvloed door de hoogte en de snelheid waarmee hij reist. Bijvoorbeeld, net voordat een vliegtuig landt, "raast het dorp al voorbij, gelijk met de vleugels" (blz. 5), en de piloot kan "het landschap ronddraaien" (blz. 55) door eenvoudigweg de besturing aan te passen.

- Het gebruik van een **omgekeerd zoomeffect**, met name in de volgende passage: "Die mannen denken dat hun lamp alleen brandt voor hun nederige tafel, maar tachtig kilometer van hen vandaan wordt al iemand geraakt door de roep die door dat licht wordt uitgezonden" (blz. 8-9).

- Het gebruik van een verscheidenheid aan **vergelijkingen en metaforen**, waarmee de auteur de manier waarop het verhaal zich afspeelt op verschillende niveaus kan illustreren (de piloten worden bijvoorbeeld vergeleken met herders wier schapen de steden zijn die zij vanuit de lucht zien, enzovoort).

Deze onderdompeling in de wereld van de luchtvaart wordt nog verergerd door het feit dat de piloten niet echt lijken te behoren tot de wereld waar ze boven vliegen:

- Zijn ze helemaal alleen in de uitgestrektheid van de hemel;

- Daarom overweegt Pellerin, wanneer hij terugkeert van een bijzonder gevaarlijke missie, "eerst [het grondpersoneel] te beledigen omdat ze daar zo rustig staan, zeker van hun leven en de maan bewonderend" (blz. 15);

- De hoogte geeft ze een gevoel van tijdloosheid: "de binnen oude muren omsloten tuinen die hij passeerde leken tot in de eeuwigheid te duren" (p. 5).

EEN LYRISCHE STIJL

Nautische metaforen

Night Flight is verpakt in een enorme uitgebreide metafoor, waarin de piloten worden vergeleken met zeelieden, en hun vliegtuigen de nachtelijke hemel bevaren op dezelfde manier als schepen de zeeën oversteken.

De vrouw van een piloot kijkt bijvoorbeeld naar hem terwijl hij slaapt en bewondert zijn borst, die ze vergelijkt met "een prachtig schip" (p. 52). De vliegtuigen hebben "een kap die [is] zo zwaar als een schuit" (p. 10), en de piloten vertellen over hun reizen over "honderd kilometer steppen, onbewoonder dan de zee" (p. 3), "een grote deining van graslanden" (p. 4), "de pracht van een zee van wolken" (p. 91), en bergen die "de gure wind doorboren als de voorsteven van schepen […] en om hem heen drijven, als reusachtige schepen die zich positioneren voor de strijd" (p. 17).

Wanneer een vliegtuig zonder problemen zijn bestemming bereikt, komt dat door de nacht "zoals een zee, met al haar eb en vloed en mysteries, de schat die ze zo lang heeft rondgeslingerd op het strand werpt" (p. 11). Telkens als dit gebeurt, heeft Rivière het gevoel dat hij "zijn bemanningen uit de nacht naar de kust sleept" (p. 10).

Deze nautische taal wordt ook gebruikt om de storm te beschrijven: "De eerste wervelingen van de verre storm begonnen het vliegtuig te raken" (p. 37); "Hij voelde [de heuvels] in duizelingwekkende golven naar hem toe rollen" (p. 82); en als Fabien beseft dat hij verdwaald is in de storm, denkt hij "aan de dageraad als een strand van goudkleurig zand waarop ze na deze zware nacht zouden stranden" (p. 65).

Poëtische beeldspraak

Hoewel dit nautische thema overheerst in *Nachtvlucht*, put Saint-Exupéry in zijn levendige schrijfstijl ook uit andere beeldbronnen, waardoor de roman een poëtische cadans krijgt:

- De kleine steden die de piloten vanuit de lucht kunnen zien, worden vergeleken met verspreide kuddes schapen, waarbij Fabien de rol speelt van een Patagonische herder: "De herders van Patagonië gaan zonder haast van de ene kudde naar de andere, en hij ging van de ene stad naar de andere: hij was de herder van de kleine steden. Om de paar uur kwam hij ze tegen die kwamen drinken aan de oevers van de rivieren of graasden op de vlakte" (p. 3).

- Ondertussen deelt de radiotelegrafist Fabien's rust niet, en voelt in plaats daarvan een sluipend gevoel van onbehagen: "de radiotelegrafist dacht dat de stormen waarschijnlijk een plek hadden gevonden om zich te vestigen, zoals een worm een plekje vindt in een vrucht. Het zou een mooie nacht worden, en toch zou hij bedorven worden" (p. 4).

- Naarmate hij ongeruster wordt, kalmeert Fabien zichzelf door contact met het vliegtuig, dat bijna levend lijkt aan te raken:

  "Hij raakte met zijn vinger lichtjes een stalen rib aan en voelde dat er leven door het metaal stroomde: het metaal trilde niet, maar het leefde. De vijfhonderd paardenkrachten van de motor wekten een heel zachte stroom op in het weefsel van het vliegtuig, waardoor het ijskoude materiaal veranderde in fluweelzacht vlees." (p. 7)

- De beslissing om hoger te vliegen om uit de storm te geraken brengt de piloot en de radiotelegrafist dichter bij een verraderlijke schoonheid die hun dood inluidt: "Zij waren als die dieven in de steden der fabelen, die in een kamer vol schatten zijn opgesloten, maar niet [weten] hoe zij daaruit kunnen ontsnappen. Zij dwalen tussen deze ijzige edelstenen, oneindig rijk maar ter dood veroordeeld" (p. 87).

- Omdat Rivière alle hoop heeft verloren dat het vliegtuig kan overleven, heeft hij er een prachtig visioen over dat is omgeven met natuurlijke beelden:

"Sommige nederige boeren zullen waarschijnlijk twee kinderen ontdekken, met hun ellebogen over hun gezicht gekruist, alsof ze slapen, gedumpt op het gras, als goud uit de vredige diepten. Maar de nacht zal hen verdronken hebben. [...] Geleidelijk aan zullen de brede voren, de natte bossen en de frisse luzerneplanten naar het daglicht stijgen. Maar tussen de heuvels, die nu ongevaarlijk zijn, en de prairies en de lammetjes, zullen twee kinderen, op de wijze waarop de wereld zulke dingen ziet, lijken te slapen. En iets zal van de zichtbare wereld naar die andere wereld zijn gevloeid" (blz. 90-91).

Deze beeldspraak verlevendigt en verrijkt de tekst, en geeft de lezer een glimp van de manier waarop de auteur de wereld heeft gezien gedurende zijn eigen tijd als piloot.

DE NACHT OVERWINNEN

Volgens Rivière is het opzetten van commerciële nachtvluchten "een kwestie van leven of dood, want elke nacht verliezen we de voorsprong die we overdag op de spoorwegen en de schepen hebben verworven" (p. 60). Dit is echter een echte uitdaging, want de veranderende weersomstandigheden en de ligging van het land vullen de nacht met mysteries en gevaren.

Afgezien van de mogelijkheid van mechanische storingen is het voornaamste probleem waarmee de piloten te kampen hebben het gebrek aan zichtbaarheid. Dit betekent dat zelfs het kleinste sprankje licht een kostbaar goed is, of het nu van de maan komt of van de gloeiende ramen van een "huis dat zijn eigen ster verlicht, tegenover de onmetelijkheid van de nacht, als een vuurtoren die naar de zee draait" (blz. 6), want ze hebben geen andere lichtbronnen aan boord dan het schijnsel van de instrumentnaalden en een kleine mijnwerkerslamp.

De weersomstandigheden zijn de tweede bepalende factor voor het verloop van de vlucht. Zoals reeds vermeld in het hoofdstuk over nautische beelden, wordt het verband tussen de nacht en de zee meestal gebruikt om aan te geven hoe moeilijk de vliegomstandigheden zijn.

Met andere woorden, de piloten voeren een epische strijd tegen de nacht, wat tot uiting komt in het krijgshaftige taalgebruik. Aan het eind van de roman krijgt Rivière de bijnaam "Rivière de Grote, Rivière de Overwinnaar" (p. 110), wat doet denken aan Alexander de Grote (koning van Macedonië, 356-323 v. Chr.). Rivière deelt ook het verlangen van deze legendarische heerser naar verovering en de vestiging van een uitgestrekt rijk: "Vanavond ben ik met twee van mijn postvliegtuigen in de lucht verantwoordelijk voor een heel gebied in de lucht" (p. 40).

Hij denkt ook terug aan een aantal "andere veldslagen die hij in de verovering van de nacht heeft gestreden" (p. 60), en beschrijft het geluid van opstijgende vliegtuigen als "als de enorme tramp van een leger dat door de sterren marcheert" (p. 109). Bovendien voelt Fabien zich als een ridder wiens ros zijn vliegtuig is: "als een duopassagier in deze galop naar de vuurzee" (p. 39), en hij beschrijft de storm ook als "een wild dier" (p. 38).

Maar soms komt de nacht als overwinnaar uit de bus, waaronder de nacht waarin Fabien en zijn radio-officier worden gedood, die wordt beschreven als "een nacht die moeilijk te overwinnen zou zijn" (p. 72).

COLLECTIEVE ONDERNEMING
EN INDIVIDUEEL GELUK

Night Flight verkent de tegenstelling tussen twee zeer verschillende filosofieën, die door een aantal van de personages worden belichaamd en in sommige gevallen de bron zijn van een innerlijk conflict binnen een individu.

Enerzijds geloven sommige personages, waaronder Rivière, dat het zinloos is om zich vast te klampen aan kleine momenten van geluk, omdat de dood vroeg of laat voor hen komt. Daarom kiest hij ervoor te geloven dat "er iets anders bestaat dat duurzamer is" (p. 78) dan individuele levens, "anders zou er geen rechtvaardiging zijn voor zijn daden" (*ibid.*). Deze individuen brengen offers in naam van de menselijke vooruitgang, die volgens Rivière alleen kan worden bereikt door samen te werken ("evenals de klerken dacht hij aan de arbeiders, monteurs en piloten, allen die hem bij zijn werk hebben geholpen, met het geloof van bouwers", p. 96).

Maar alles heeft een prijs: allen die voor dit wereldbeeld hebben gekozen, hebben ook moeten leren hun eigen behoeften en angsten dagelijks te negeren. Bovendien onderdrukken ze hun eigen emoties zodanig dat Rivière verklaart: "Ik weet niet of wat ik doe goed is. Ik weet niet precies de waarde van een mensenleven, van rechtvaardigheid of van verdriet. Ik weet niet precies hoe ik een waarde moet toekennen aan menselijke vreugde, aan een trillende hand, noch aan medelijden, noch aan zachtmoedigheid" (p. 50). Hun daden eisen een zware tol van hun persoonlijk geluk en emoties, en leiden zelfs tot het verlies van mensenlevens. Zelfs wanneer het vliegtuig van Fabien uit de lucht valt, vindt Rivière dat hij "de emotie moet bedwingen" (p. 76) omdat "die niet helpt om de mannen te redden" (*ibid.*), en zich in plaats daarvan op zijn werk moet concentreren.

Deze zienswijze staat tegenover de overtuiging dat het leven het best kan worden samengevat als een reeks vluchtige momenten van geluk, en dat het van vitaal belang is de waarde van elk menselijk leven te erkennen. Deze tweede zienswijze wordt vooral aangehangen door de vrouwen van de piloten, in het bijzonder door de vrouw van Fabien. Voor haar zijn de successen en vooruitgang waar Rivière en zijn klerken zo trots op zijn niet meer dan "dossiers, waarin menselijk leven, en menselijk lijden, slechts een residu van gevoelloze getallen achterlieten" (p. 93). Door simpelweg in grote nood de kantoren van het bedrijf te betreden, "[onthult] zij aan de mannen de heilige wereld van het geluk" (p. 94), en Rivière geeft toe dat zij een "kreet belichaamt die [zo] treurig is, maar [zijn] vijand is". Want noch de eisen van de actie, noch die van het individuele geluk wijken voor elkaar: ze zijn in conflict" (blz. 76-77).

Dat belet Rivière niet om af en toe te twijfelen: "'Deze mannen,' dacht hij, 'die waarschijnlijk gewoon zullen verdwijnen, hadden een gelukkig leven kunnen leiden'" (p. 78). Later beseft hij zelfs dat deze tegengestelde wereldbeelden een gemeenschappelijke wortel hebben: "We verwachten niet onsterfelijk te zijn, maar we willen niet dat onze daden en de dingen om ons heen plotseling al hun betekenis verliezen" (p. 95).

Ondertussen zitten de piloten gevangen tussen deze twee zienswijzen: zo stelt Fabien zich aan het begin van de roman even voor om zich te vestigen in een van de dorpen waar hij halt houdt, want "Wij worden verrijkt door ons lijden en door gewoon een gewone man te zijn" (p. 5). Zijn liefde voor zijn beroep en voor de avonturen, de eenzaamheid en de kans om door de lucht te zweven die het hem biedt, komt echter al snel op de voorgrond te staan, en hij geeft blijk van grote moed door zijn dood met berustende waardigheid tegemoet te treden, want "Het moest een keer gebeuren" (p. 82).

VECHTEN VOOR HUN LEVEN

Voor Rivière is het runnen van zijn bedrijf een constante strijd, met een nieuw probleem na elke kleine overwinning die hij behaalt. Hij ziet zijn werk dan ook als een strijd: "Rivière dacht dat elke nacht op deze manier een of andere actie vorm kreeg aan de hemel, als een drama. Enige aarzeling in de wilskracht kon een nederlaag met zich meebrengen, en voor het daglicht zouden ze waarschijnlijk een grote strijd moeten leveren" (p. 34). Als een vliegtuig dus een noodlanding moet maken, beschouwt hij deze verloren tijd als een totale verspilling. Volgens hem "beschreef de grote wijzer op de klok nu een lege ruimte: zoveel gebeurtenissen hadden binnen die opening kunnen vallen" (p. 36).

Wanneer bevestigd wordt dat de vlucht naar Patagonië verloren is gegaan, is Rivière net als iedereen emotioneel geraakt en heeft hij het gevoel dat de dood door zijn medewerkers op het kantoor van het bedrijf kruipt: "Vitale taken werden langzamer uitgevoerd. 'Dat doet een dood met je!' dacht Rivière" (p. 96). Hij meent dat het essentieel is om tegen dit verschijnsel te vechten, en dat hij "ook tegen de dood zou strijden wanneer hij die telegrammen hun volle betekenis gaf, de bemanningen op wacht weer ongerust maakte en de piloten een tragisch doel gaf" (p. 97).

Aan het einde van de Eerste Wereldoorlog was de vraag op ieders lippen "hoe kan het leven verdergaan?". Iedereen stond voor de uitdaging een manier te vinden om verder te gaan met zijn leven in een wereld die door oorlog was verwoest en waarin de toekomst onzeker was. Wetende dat de dood onontkoombaar is voor de mensheid en haar instellingen, vond iedereen zijn eigen manier om te streven naar een soort onsterfelijkheid: "Misschien bestaat er iets anders dat duurzamer is [dan individueel geluk] en dat gered kan worden; en is het misschien dat deel van de mens dat Rivière probeerde te redden?" (p. 78).

Rivière is een man van actie en omarmt een ideologie die het leven een nieuwe betekenis geeft en geen ruimte laat voor zorgen over de dood. Dit blijkt uit de reactie van de andere piloten op het nieuws van Fabiens verdwijning:

> "'Is de Patagonië-vlucht aangekomen?
> "We wachten er niet op. Hij is verdwenen. Is het weer goed?
> "Het weer is geweldig. En, is Fabien verdwenen?
> Ze spraken er niet veel over. Door hun diepe broederlijke band konden ze afzien van woorden." (p. 107)

Naast Rivières inzet om de toekomst van zijn bedrijf veilig te stellen, gebruikt de auteur zijn karakter ook om een morele boodschap over te brengen: "Het doel rechtvaardigt waarschijnlijk niets, maar actie bevrijdt je van de dood" (p. 97). Het doel van Rivière, dat tevens zijn hele levensdoel is, is het realiseren van nachtvluchten, ondanks de daarmee gepaard gaande gevaren, waardoor vliegtuigen sneller post kunnen bezorgen dan treinen en schepen. Bovendien brengen deze vliegtuigen cruciale banden tussen mensen tot stand: niet alleen tussen de piloten, die verbonden zijn door hun gemeenschappelijk beroep, maar ook door de manier waarop de snelle bezorging van de post, dankzij de risico's die zij nemen, andere mensen dichter bij elkaar brengt.

Men zou kunnen aanvoeren dat deze doelen de risico's die de piloten vrijwillig nemen niet rechtvaardigen, maar de roman maakt duidelijk dat hun vluchten hen ook in staat stellen zich helden te voelen, zich als individu te ontwikkelen en betekenis in hun leven te vinden. Zo zijn ze in staat geluk te vinden in hun werk, en zelfs in de wetenschap dat elke vlucht hun laatste kan zijn.

VERDERE REFLECTIE

ENKELE VRAGEN OM OVER NA TE DENKEN...

- In *Wind, Zand en Sterren* schrijft Saint-Exupéry: "Misschien ligt de grootsheid van een roeping vooral in de eenheid die zij tot stand brengt: er is maar één ware vorm van rijkdom, die van het menselijk contact" (Saint-Exupéry, 2000: 21). Hoe zou deze uitspraak kunnen worden toegepast op *Nachtvlucht*?

- In *Nachtvlucht* zegt Rivière: "het zijn de eisen van de gebeurtenissen die ik moet dienen" (p. 58). Hoe beïnvloedt dit zijn leven, gedrag, keuzes en relaties met anderen?

- Waarom zegt Fabiens vrouw dat alleen al haar aanwezigheid in het kantoor van het bedrijf "een vijandige waarheid overbrengt" (p. 93)? Wat is deze "vijandige waarheid"?

- Voordat hij piloot werd, hoopte Saint-Exupéry zeeman te worden. Hoe komt dit tot uiting in zijn schrijven?

- Leg uit waarom Rivière aan het eind van de roman wordt omschreven als "Rivière de Grote, Rivière de Overwinnaar" (p. 110).

- Op welke manieren zijn stilte en eenzaamheid belangrijke thema's in de roman?

- In een brief schreef Saint-Exupéry dat "dapperheid [...] niet voortkomt uit edele gevoelens, maar uit een beetje woede, een beetje ijdelheid, veel koppigheid en een basaal plezier in lichamelijke inspanning; vooral een plezier in de eigen fysieke kracht, hoewel dat er niets mee te maken heeft" (Saint-Exupéry, 2009: 964). Voldoet de moed van de piloten in *Nachtvlucht* aan deze definitie?

- Saint-Exupéry gebruikt vaak vergelijkingen om treffende beelden te creëren. Welk effect heeft dit op de anders zo ingetogen stijl van de roman?

- Beschrijf de verschillende manieren waarop de broederlijke banden tussen de personages in de roman worden verkend.

- De hoofdstukken 15 en 16 lijken Saint-Exupéry's eigen herinneringen aan het leven als piloot weer te geven. Hoe zijn deze hoofdstukken paradoxaal? Vergelijk ze.

VERDER LEZEN

REFERENTIE-EDITIES

Saint-Exupéry, A. (2016) *Nachtvlucht*. Trans. Carter, D. Richmond: Alma Classics.

Saint-Exupéry, A. (2000) *Wind, zand en sterren*. Trans. Rees, W. Londen: Penguin.

REFERENTIESTUDIES

Hardt, H. (Geen datum) Saint-Exupéry, Antoine de (1900-1944). *Universalis*. [Online]. [Accessed 16 May 2018]. Beschikbaar vanaf: <http://www.universalis.fr/encyclopedie/antoine-de-saint-exupery>

(Geen datum) Autobiografie. *Collins Dictionary*. [Online]. [Accessed 16 May 2018]. Beschikbaar vanaf: <https://www.collinsdictionary.com/dictionary/english/autobiography>

AANPASSING

Night Flight. (1933) [Film]. Clarence Brown. Dir. USA: Metro-Goldwyn-Mayer.

*We horen graag van jou! Laat
een reactie achter op jouw online bibliotheek
en deel je favoriete boeken op social media!*

De uitgever garandeert de betrouwbaarheid van de gepubliceerde informatie, die echter niet onder zijn verantwoordelijkheid valt.

www.50minutes.com

Master ISBN: 9782808688291
Papier ISBN: 9782808699693
Wettelijk depot: D/2023/12603/1249

Omslag: © Primento

Digitaal ontwerp: Primento, de digitale partner van uitgevers.